女孩最爱玩的游戏

王文辉 编著

吉林美术出版社 | 全国百佳图书出版单位

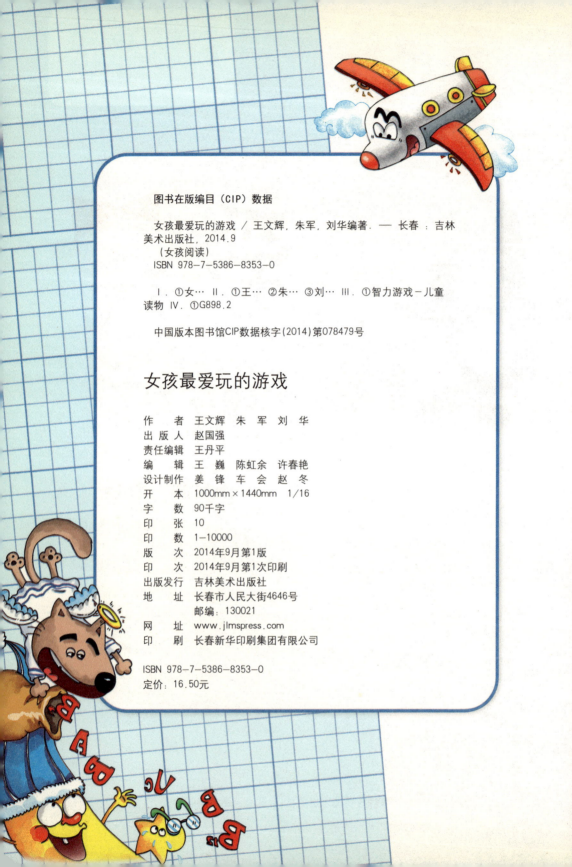

图书在版编目（CIP）数据

女孩最爱玩的游戏 ／ 王文辉，朱军，刘华编著. —— 长春：吉林
美术出版社，2014.9
（女孩阅读）
ISBN 978－7－5386－8353－0

Ⅰ．①女… Ⅱ．①王… ②朱… ③刘… Ⅲ．①智力游戏－儿童
读物 Ⅳ．①G898.2

中国版本图书馆CIP数据核字(2014)第078479号

女孩最爱玩的游戏

作　　者　王文辉　朱军　刘华
出 版 人　赵国强
责任编辑　王丹平
编　　辑　王 巍　陈虹余　许春艳
设计制作　姜 锋　车 会　赵 冬
开　　本　1000mm×1440mm　1/16
字　　数　90千字
印　　张　10
印　　数　1—10000
版　　次　2014年9月第1版
印　　次　2014年9月第1次印刷
出版发行　吉林美术出版社
地　　址　长春市人民大街4646号
　　　　　邮编：130021
网　　址　www.jlmspress.com
印　　刷　长春新华印刷集团有限公司

ISBN 978－7－5386－8353－0
定价：16.50元

♀ 前言

　　俄国文学家普希金说："人的影响短暂而微弱，书的影响则广泛而深远。"沉浸在书香中的女孩无疑是最具魅力的。但是，女孩们温柔善良却羞涩胆小，乖巧可爱却任性善变，聪明文静却多愁善感……为此，我们根据女孩的阅读心理特点、阅读需求和认知取向，为女孩量身打造了"女孩阅读"丛书。本套书图文并茂，拼音相伴，包括《讲给女孩的故事》（上下册）、《女孩最爱问的100个为什么》、《女孩最爱玩的游戏》共4本，以引人入胜的故事、赚人眼球的问答、妙趣横生的游戏把女孩最感兴趣的知识和道理"润人细无声"地渗透进女孩的头脑及心灵。无论你是读不够故事的小故事虫，还是满脑子问号的刨根问底妞，抑或是在游戏中享受童年欢乐的阳光女孩……有了本套书的熏陶和引导，冰雪聪明、善解人意、知书达理的女孩就是你。

　　文化学者余秋雨说："阅读的最大理由是想摆脱平庸，早一天阅读就多一份人生的精彩，迟一天阅读就多一天平庸的困扰。"那么，女孩，阅读请尽早吧！

目录

女孩，玩出大智慧

♀

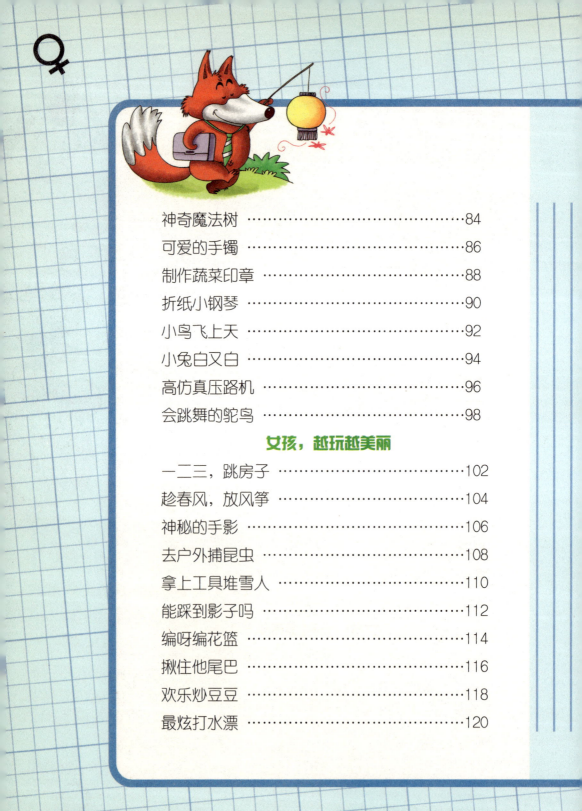

女孩，越玩越美丽

女孩，精彩玩四季

女孩，玩出大智慧

呼呼，呜呜，快，头脑风暴完美来袭!

快乐猜字谜

大家快来动动脑，
你猜猜，我猜猜，
再难的字谜也难不倒，
猜谜游戏快乐知多少。

你玩过字谜游戏吗？你是属于"入门级"还是"大师级"？口说无凭，就让大家眼见为实吧！猜之前，有个小福利送给你。

嗯，就用这些方法试试看！

猜字谜秘籍

秘籍一：组合法。根据谜面的暗示，用笔画进行加减，组成一个字，如"山上还有山"指"出"，"两个小孩"就是"二小"，两部分合在一起，就是"崇"。

秘籍二：象形法。从形象上去研究所描绘的字，如"天上双雁飞"指"丛"。

秘籍三：会意法。根据谜面意思联想出谜底来。如"客满"指人多，即"侈"。

两个娃娃背
靠背坐着。

（　　）

一字有双口，
大口吞小口，
大口张着嘴，
嘴里含一口。

（　　）

一块地，
四方方，
十字路，
在中央。

（　　）

可上可下，
上可下可，
上可可小，
下可可大。

（　　）

哇咔咔，
全猜到了！

11

玩具不见了

30秒快速浏览画面，尽量记忆，然后翻过下一页。

瞬间记忆力

按顺序仔细观察30秒，记得多看几遍哦，然后翻过下一页。

六一儿童节小朋友收到了很多礼物，可转眼间都被魔术师小汤姆变到一个大箱子里了。你能帮小朋友找到他们自己的礼物吗？

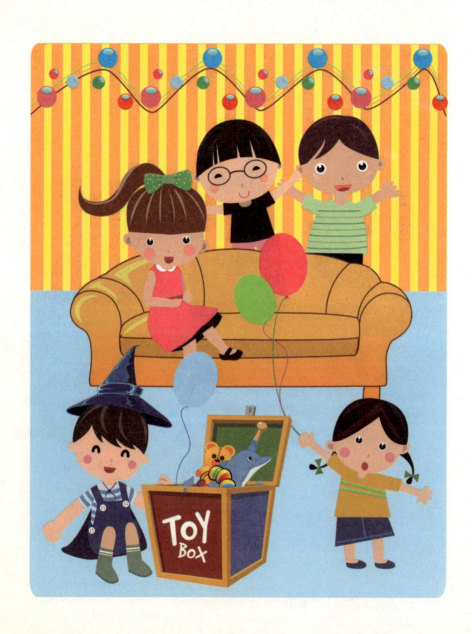

物品的顺序已经完全被打乱了，现在，就凭着你的记忆力，准确说出它们的顺序吧！

测测专注力

现在请爸爸妈妈为你读下面的小故事吧。听故事的时候注意力一定要集中，等故事听完了，看看你能回答出几个问题，就能检验出你的认真程度了。

月亮姑娘做衣裳

月亮姑娘出来了，细细的，弯弯的，好像小朋友的眉毛一样。

凉风吹来，月亮姑娘打了个寒战。她想：看来，我该找裁缝师傅做件衣裳了。

裁缝师傅利落地给苗条的月亮姑娘量好了尺寸，让她五天后来取。

五天后，月亮姑娘来取衣裳了，可她有点儿长胖了，像弯弯的镰刀，做好的衣裳根本穿不下。裁缝师傅只好重新给她量了尺寸，让她再过五天来取。

又过了五天，月亮姑娘又长胖了，像弯弯的小船。她来取衣裳，衣裳做得非常漂亮，可惜月亮姑娘连套都套不上，真急人，裁缝师傅只好再次重做。

又是五天过去了，月亮姑娘来取衣裳。这次，月亮姑娘变得圆圆的，像磨盘一样。裁缝师傅说："唉，你的身材总变来变去的，我是没法给你做衣裳了，另请高明吧。"

因为一直都没有合身的衣服穿，所以月亮姑娘根本就不敢在白天出门，只能在夜晚悄悄地露面。

1.下面图片分别是月亮姑娘第几次去取衣服时的样子?

○

○

○

2.猜谜语。

有时落在山腰,

有时挂在树梢,

有时像面圆镜,

有时像把镰刀。

谜底:_____

3.裁缝师傅一共为月亮
姑娘做了几件衣裳?

A．3件

B．4件

C．5件

答案:_____

眼力大比拼

看看下面这些可爱的蜗牛，和右页的蜗牛对比一下，有4只发生了变化，你能找出来吗？

小蜗牛，慢腾腾，爬到西，爬到东，
别人只用几分钟，它从天亮就出发，
走到天色黑洞洞。

成语嘉年华

　　成语脱口秀的游戏来啦，你的成语储备够多吗？看到下面的画面，你能想到哪些成语呢？也许你才华横溢，或者你学富五车，但在这个游戏中，你只有脱口而出才能成为大赢家哦！

关于动物的成语你一定听说过不少吧，现在你大展身手的机会来了，下面这些成语是为哪个动物量身定制的？赶快动手把它们连起来吧！

○目混珠

抱头○窜

虎头○尾

○死狐悲

○犬不宁

○入虎口

九○一毛

车水○龙

还有体力接着玩吗，年轻人？

21

接龙游戏不陌生吧？下面几款成语接龙游戏，你最中意哪个？叫上小伙伴，一起玩起来！

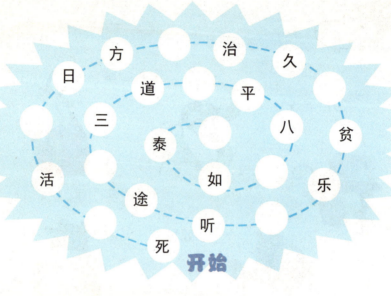

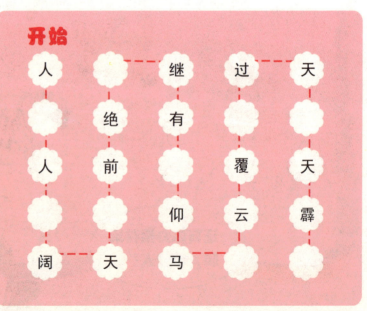

开始

一 ♡ 当 ♡　　见 之 ♡

功 近 ♡　　　　　知 故 ♡

劳 之 ♡　　鼓 ♡ 止 ♡

雄 业　　止 ♡

成语接龙大战，太过瘾了。

开始 □ — 所 — 事 — □ — 出

　　　□　　人 — 之　　□　　有

　　事 — 自　　□　　不

　　想 — 放 — □　　胜 — 小

　　□ — 人 — 快 — □ — 失

该填哪一个

　　今天，森林中的动物有一个重要的集会，要讨论下一届森林之王的人选。每个家族派来4位代表，狐狸秘书长在会场中维持秩序，它让大家各就各位，看看还有谁没有到场。

　　每行每列的动物是不重复的，你帮忙看一看，空位缺的是谁？

走兽区

天上飞的也陆陆续续赶到了，白鸽理事正在清点人数，你再帮着看一下，飞禽缺的是哪个？

飞禽区

魔幻移火柴

小小的火柴棒，它可不光是取火的工具哦，它还是风靡游戏界的大腕呢！移火柴游戏一直是受大家青睐的经典游戏，游戏内容充满玄机、变化无穷。小朋友们，赶快来体验一下吧！

火柴头小狗只有转过头，才能吃到香喷喷的骨头，请你移动两根火柴，帮小狗转个头吧！

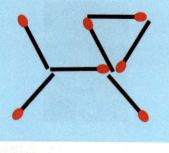

小鱼马上就要被大鲨鱼吃掉了，快快移动3根火柴棒，让小鱼头朝右逃跑吧！

请移动三根火柴，拼出三个三角形。

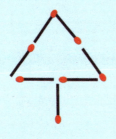

下图是用10根火柴拼成的2个杯子，你至少移动几根火柴能使杯口都朝上？

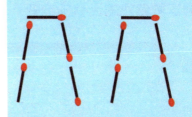

12根火柴摆成了一个田字形，现在拿去两根火柴，让它变成两个正方形。

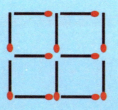

移动4根火柴，使下面图形变成2个完全一样的正方形。

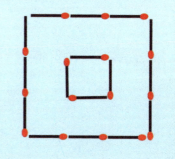

这些火柴头，你搞得定吗？

27

一笔画游戏

　　一笔画游戏的受欢迎程度可不输给任何一个经典的小游戏，这是一个既考验脑力，又考验眼力的玩家必破之关隘，女孩子们，快来体验这款游戏的无穷乐趣吧！

比一比，看谁画得快。

脑筋急转弯

要的不是你的注意力有多集中，要的不是你的脑筋有多灵光，要的也不是你的知识面有多宽广，要的只是你的思维够发散。这就是脑筋急转弯的必胜法宝，接下来，就看你的了！记住，关键是不要按套路出牌。

1. 有八个苹果装在一个筐里，八个小孩每人一个，最后一看，筐里还剩一个，为什么？

2. 妈妈把一头长发剪短了，可是回到家里却没人发现，为什么？

3. 借什么东西可以不用还？

4. 小明考试次次都拿第一，为什么爸爸还要骂他？

5. 什么东西被打破以后会自动复原？

6. 晚餐煮好了，为什么妈妈不叫全家吃饭？

加深点难度，再来试试！

7.什么光完全没有亮度？

8.石头饿得要死，冰箱里有鱼罐头、牛肉罐头和猪肉罐头，他先打开什么？

9.小胖点了一份熟透的牛排，为什么一刀切下去却流出血来？

10.猴子每分钟能掰1个玉米，在果园里，1只猴子5分钟能掰几个玉米？

11.什么东西越洗越脏？

12.什么蛋打不烂，煮不熟，还不能吃？

13.把鸡和鹅同时放进冰箱，鸡冻死了，鹅却活着，为什么？

14.为什么青蛙可以跳得比树高？

15.什么东西越用剪刀剪越大？

嘎嘎，我们都是急转弯达人！

31

无敌大迷宫

下面有三个贪吃的小鬼，他们都超级爱吃"雪房子"家的冰淇淋，可今天的冰淇淋只剩一只了，到底谁能吃到呢？

Tip 你可以尝试反向走迷宫的方法，即以冰淇淋为起点，这样速度会更快。

去月球探险的梦想旅程马上就要开始喽，你准备好了吗？让我们出发吧！切记：黑洞有危险，前行须谨慎！

黑洞

多出的碎块

　　咦？什么味道？简直香爆了！哇，原来是一只巨大又新鲜的牛肉汉堡！想吃吗？别急，现在这个牛肉汉堡被分成了8块，而有两块是多余的，你能把这些碎块复原并找出多余的那部分吗？如果你办得到，它就属于你了！

　　TiP 如果你觉得只靠眼睛看有难度的话，那就拿起铅笔，在原图上把分割图片复原一下试试吧！

让俺火眼金睛的老孙试试！

画出另一半

一个完整的图形缺了半边，太不美观了！看到点子图中间的竖线了吗？就以这条线为中心线，在线的右边画出与左边图形一模一样但方向相反的图形吧，画完之后看看完整的图形像什么。

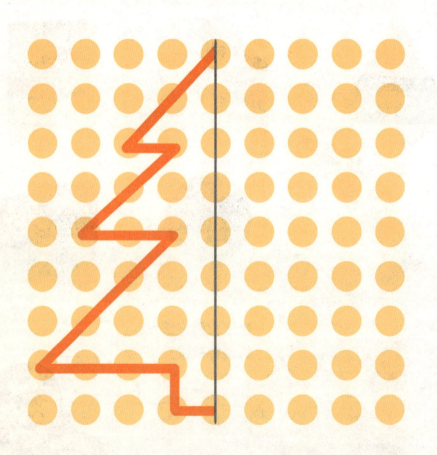

Tip 可以先数出每条线经过了几个点，再连线，这样比较简单哦！

遇到弧线的话也没关系，只要把线描圆就可以了！

呈现一幅完美的图案，太有成就感了！

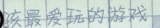

逻辑小·推理

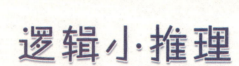

　　玩一些经典的推理小游戏，既能提高智力，又能培养你缜密的心思，没事儿还可以拿出来考考你的小闺蜜，到时候，大家一定会对你肃然起敬的！

　　有一天，某珠宝店被盗走了一颗贵重的钻石。经调查，表明作案人肯定在甲、乙、丙、丁四人之中。于是，警方对这四个重大嫌疑犯进行了审讯。审讯所得到的口供如下：

甲：我不是作案的。

乙：丁是罪犯。

丙：乙是盗窃这颗钻石的罪犯。

丁：作案的不是我。

甲　　　　　乙　　　　　　　　　丁

　　　　　　　　　　　　　　　　丙

名侦探柯南的名字你一定不陌生吧，他用自己明察秋毫的洞察力成功破获了一宗又一宗扑朔迷离的案件，让一个又一个狡猾的罪犯最终无处遁形。

这次，你也来当一次小侦探，来侦破这起珠宝盗窃案。线索目前只有一个，那就是甲、乙、丙、丁四个人的口供中有一个是假的，动动脑，仔细地推理一下，找出真正的罪犯吧！

在下面正确的破案结果上打上"√"。

TiP 日本三大推理漫画：《金田一少年之事件簿》、《名侦探柯南》、《神通小侦探》其中每个故事都是围绕一个案件展开，由侦探以推理的方式一点点解开谜团。推理漫画以情节紧凑、锻炼脑力而赢得了无数青少年读者的青睐，找来看一看吧，一定可以提高你的逻辑推理能力。

A. 甲作案。 B. 乙作案。
C. 丙作案。 D. 丁作案。

我要找到它

右页漂亮的图片中隐藏着好多好多的小秘密，仔细观察，认真搜索，用你锐利的双眼去发现它们、找到它们，并圈出来吧！

字母	O
糖果	
松树	
橡皮	
四粒白色雪片	
糖果桶	
红色铅笔	
葵花	

借我一双慧眼吧！

哪里不对劲

下面的两幅画面中各出现了2处不合理的地方，都是一些常识性的错误哦，你能找出它们吗？仔细看一看，找一找，分别用笔把它们圈出来。

明察秋毫是我
的专长哦！

空间大考验

你有空间概念吗？立体图形被展开后你还能认得它吗？现在就请你尝试着找出下面两个立体图形的平面展开图。

> 这个游戏对做手工可是很有帮助的哦！

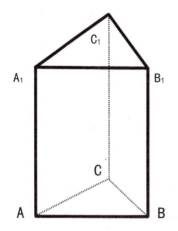

TIP光靠眼睛看是不行的，一定要在纸上画好后剪下来，动手折一折。

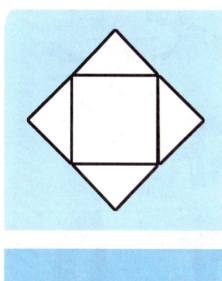

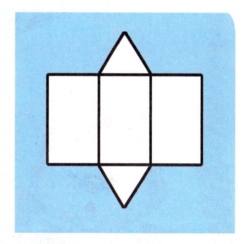

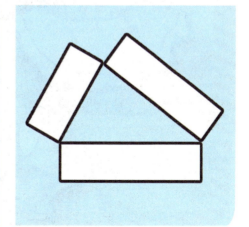

最爱找不同

下面的两幅图中一共有4处不同的地方，你能用1分钟的时间全部找到吗？

小松鼠，真能干，
树上树下忙不停。
别人都在晒太阳，
它在储存过冬粮。

它是哪一块

一幅大图被分成了许许多多的小块，从这些小块中拿出几个来，你还能再把它们放回去吗？你知道它们来自何处吗？

TIP 可以先从颜色入手，然后再比对细节部分。

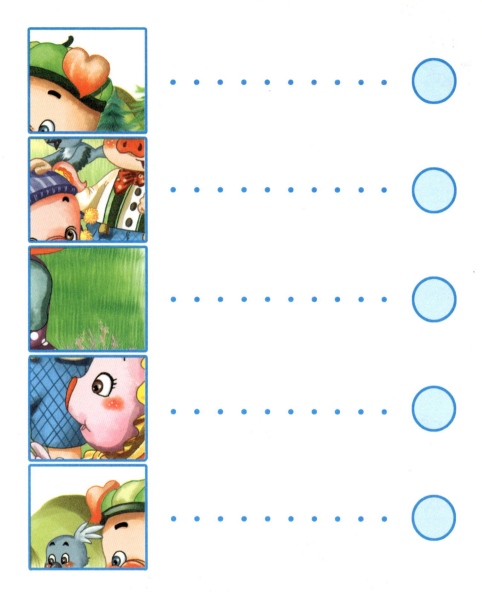

你拼图的功夫怎么样？

夺宝小·奇兵

　　有一个神秘的山洞，只有一个出口和一个入口，山洞中藏着许许多多的宝藏，你可以带上所有的宝藏安全地离开山洞，但有一点切记——不能走回头路，否则，不但所有的宝物都会瞬间消失，而且出入口也会马上自动封闭，你想冒这个险吗？

能看到这段话就说明你已经成功了，那么如果你想拥有更多财富的话，你可以接着再闯一关，如果你胆怯了，那我看就算了。

女孩，画画也疯狂

嚓嚓，唰唰，看，信手涂鸦其乐无穷!

奇妙手指画

手指点一点，小鱼小虾变出来。用小手指也能画画，听上去挺神奇的吧，现在就来欣赏一下漂亮的手指画，并让你的手指也动起来吧！

TIP 画指印画的时候，颜料不能粘得太厚，不然就会模糊一片，看起来不美观；另外用力一定要均匀，否则画面会深浅不一。

- 颜料
- 海绵（或纱布）
- 彩色蜡笔

制作步骤：

① 在一张纸的边缘处按上指印，把纸拿掉，这样半椭圆就出现了。

② 在一张纸上剪出一个正方形或长方形，然后在这个缺口的角上按上指印，把纸拿掉，扇形就出现了。

③ 在剪纸上剪出一个圆形孔，再在圆上按一个指印，然后把纸拿掉，圆形就出现了。

这些手指画小技巧对你很有帮助哟！

55

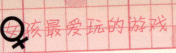

神奇的沙画

　　沙子是做什么用的？盖房子，铺路，砌堤坝……你一下子就会想到沙子的这些用途，可它还有个奇妙的用途恐怕你想象不到，那就是用它来画画！

所需材料：

- 乳白胶
- 沙子
- 棉签
- 铅笔

制作步骤：

① 用铅笔画出自己需要的图案。

② 用棉签蘸胶涂在铅笔线上。

③ 在胶水未干时将沙子撒在画面上。

④ 胶水干后抖落沙子，沙画就出现了。

手撕画西瓜

　　一块块的红瓤西瓜，看上去真让人垂涎欲滴呀！这可不是用刀切出来的哟，也不是用笔画上去的，这是用手撕出来的！什么，你不信？那你就来看一看吧！

心里想着西瓜，心里想着西瓜……

所需材料：

- ♀ 红色彩纸
- ♀ 绿色彩纸
- ♀ 胶棒
- ♀ 记号笔

制作步骤：

1 在红色纸上画出三角形，并沿线将三角形撕下。

2 在三角形下面涂胶。

3 把绿色纸条贴在涂胶处。

4 画西瓜子。

表情添添画

对着镜子，做出各种表情，狂喜，愤怒，悲痛，鄙视……一边做表情一边用笔画出来，这太有意思啦。

画作欣赏一：

发呆

傻笑

纠结

发怒

傲慢

闭嘴

我是表情哥，这可是我的招牌表情！

画作欣赏二：

发呆

哭

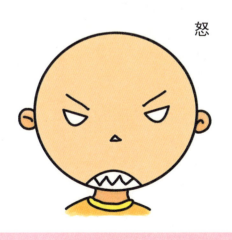

怒

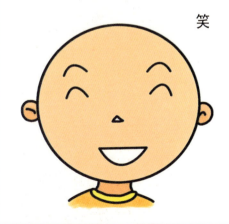

笑

有趣刮刮画

图画可不是一定要靠笔才能来完成的哦，很多东西都可以成为画画的工具呢！比如说刀子、钉子……咦，听上去怎么像是做手工的工具呢？没错，但它们也可以用来画画哦。

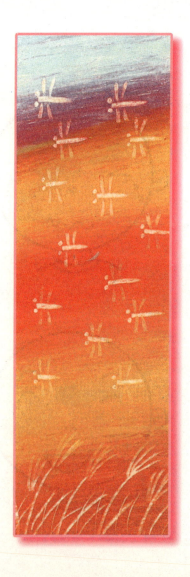

- 三角尺或钉子、黏土刀、长尺等
- 纸
- 蜡笔

制作步骤：

① 用亮色的蜡笔涂底色。

② 在涂好的底色上，涂上一层暗色。

③ 用前端尖细的物体刮出图案来。

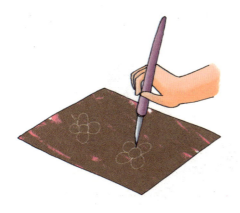

就给这个画法命名为"刮刮乐画法"吧！

半圆变身画

　　画画离不开创意，随便看到一个形状，头脑中就会展现出一幅幅与这个形状相关的画面，这就是创意。看到半圆，你都能想到些什么？

TiP 既可以在半圆中作画，也可以把半圆作为画作的一部分，只要合情合理就可以。

画作欣赏：

奶酪，我的最爱！

看，多美丽的蘑菇啊。

花园染纸画

　　七色花，真美丽,赤橙黄绿青蓝紫，画一画，再晕染，颜色搭配要合理。染纸画你画过吗？真是又好玩又好看，赶快画起来吧！

所需材料：

○ 清水
○ 毛笔（或海绵）
○ 图画纸

○ 稀释颜料
○ 剪刀
○ 胶棒

制作步骤：

① 画出花的图案。

② 用毛笔（或海绵）将纸润湿。

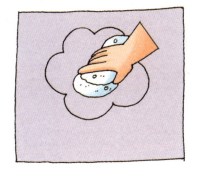

③ 在纸未干时用毛笔蘸颜料晕染。

④ 干后剪下图案，粘在另一张画纸上。

油水分离画

你喜欢魔法吗？有一种画画的方法就被赋予了魔法，在一张什么都没有的白纸上，漂亮的图案瞬间呈现。耳听为虚，眼见为实，先来看个究竟吧！

所需材料：

♀ 白油画棒　　♀ 水粉　　♀ 毛笔

❶ 在图画纸上用白色的油画棒画出图案来，大家快看，这是魔法图画纸哦！

❷ 用颜料在上面平涂。

❸ 多么不可思议呀，竟然出现了一条鱼！

这么神奇，我也想试一试。

69

水彩大变身

红，黄，蓝这三种颜色你一定不陌生，但可以用这三种颜色来调出其他色彩，这个你就不知道了吧？现在就来看看它们是如何组合变身的吧！

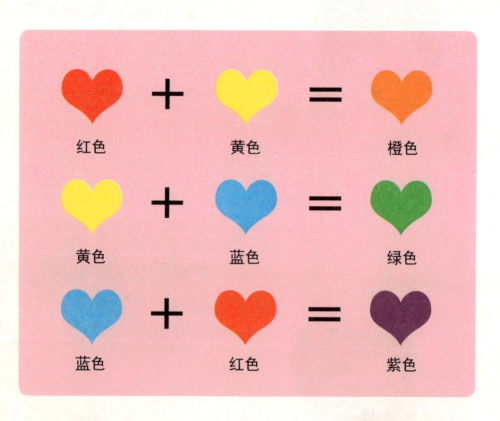

红色 + 黄色 = 橙色

黄色 + 蓝色 = 绿色

蓝色 + 红色 = 紫色

所需材料：

♀毛笔　　　　　♀调色盘

♀红、黄、蓝水粉颜料　　♀装有水的杯子

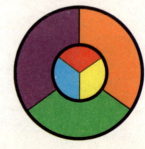

下面就用红、黄、蓝三种颜料，调出所需要的颜色，给彩色泡泡涂上漂亮的色彩吧！

橙色

黑色

紫色

绿色

真神奇，三种颜色居然能变幻出这么多种色彩！

树叶贴贴画

　　叶子的形状真是太多了，简直是不胜枚举，赶快去收集一些吧。接下来，用收集到的各种各样的叶子自创一幅充满创意、乐趣无限的树叶画！

- 各种形状的叶子
- 白纸
- 铅笔、碳素笔
- 剪刀
- 胶水或双面胶

① 收集各种形状的叶子，什么形状的都可能用得到。

② 想好贴画的内容，用铅笔在白纸上画出轮廓图。

③ 根据贴画的内容特征，用剪刀对树叶进行简单修剪。

④ 如果有需要，可以用碳素笔在树叶上添加一些图案。

⑤ 在树叶背面涂上胶水，有层次地贴在白纸上。

女孩，练就灵巧手

叮叮，当当，来，敲打出一个创意世界！

妙趣石瓢虫

  又圆又光滑的石头，看上去像什么呢？对哦，很像一只瓢虫，如果在上面再添上那么几笔，一只活灵活现的石瓢虫，就会闪亮呈现在我们面前了。

  红红亮亮的圆壳壳，快快乐乐地飞过河，
  它们的名字叫瓢虫，瓢一样的体形真独特。
  你若叫它"花大姐"，它也会对你笑呵呵。
  是益虫，是害虫？就看背上的星星有几颗。

所需材料：

♀ 两块光滑的鹅卵石，或是其他表面光滑的石头；

♀ 白、黑、红三种颜色的水彩液，三支粗细不同的笔；

♀ 三个盛装颜料的小盘，少许水。

制作步骤：

① 将白、黑、红三种颜色的水彩液分别倒入三个盘子里。

② 用红色的水彩液在石头的背上画出瓢虫的身子，用黑色的水彩液画出瓢虫的头。

③ 用黑色颜料为瓢虫画出背部的装饰花纹。

④ 用白色的水彩液为瓢虫画上眼睛。

⑤ 为瓢虫画出漂亮的斑点，然后你可以找来一些绿色的叶子装饰在它的周围。

剪纸小·雪花

　　下雪啦，雪花飘飘洒洒地落下来，用小手接住一片，仔细看，洁白无瑕，玲珑剔透，好美呀！咦，不见了，化作了一个小水滴。这么漂亮的雪花，可不可以想看就能看到呢？当然没问题，用剪刀剪出一个纸雪花，贴在玻璃上，美丽随时见。

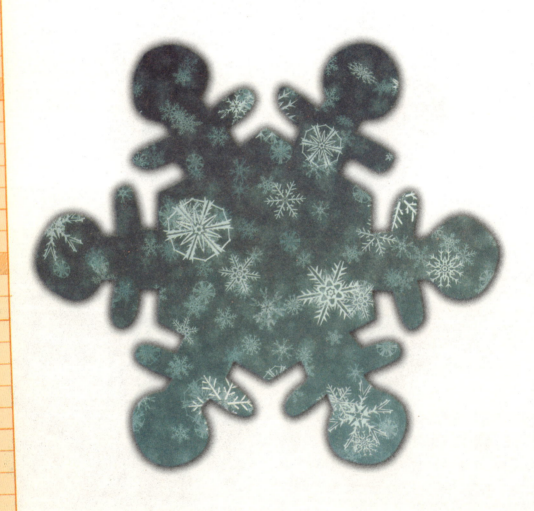

所需材料：

- 彩纸
- 剪刀
- 笔
- 胶水

制作步骤：

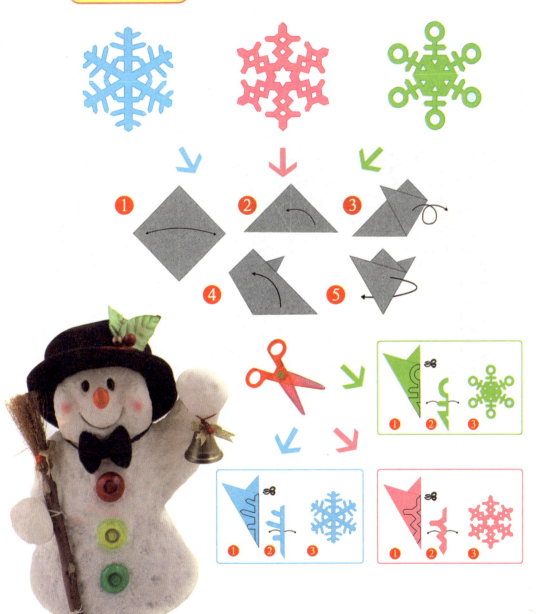

制作小·橘灯

小小橘灯手中拿，一只蜡烛坐其中，
体型虽小功能大，扮美夜色照路程！

趁着美好的夜色，挑上一盏自制的小橘灯，邀上要好的玩伴，来一个"挑灯夜游"！不过，总要先把小橘灯做好了再说吧！

可爱的橘子表情

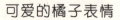

眩晕

得意

伤心

愤怒

- 橘子两个
- 短蜡一根
- 金属勺子
- 水果刀
- 线（30~40厘米长）
- 小棍或一次性筷子

制作步骤：

❶ 先给橘子按按摩，松松皮。

❷ 小心地拿着水果刀，沿着橘子的三分之一处划一圈，注意只划破皮，不要划伤橘肉哦！

❸ 轻轻地掀开橘皮的三分之一，露出橘肉。用勺子小心地掏掉橘瓣，至此，小橘灯的雏形已经出来了。

❹ 用水果刀在掏空的小橘灯的四周挖出几个透光洞，注意不要太多了。

❺ 用针和线把小橘灯穿起来。

❻ 在小橘灯底部固定上小蜡烛，再把小橘灯系在小棍或筷子上，点燃小蜡烛，大功告成。

奶牛豆豆书夹

小宝正在津津有味地读故事。奶牛豆豆一边嚼着青草一边从书页中探出头来："小主人，你已经看了好长时间了，远眺一下，休息休息眼睛吧！"多么贴心的提醒啊，多么可爱的小书夹啊，快动起手来，也来做一只书夹吧！

所需材料：

- 纸板
- 胶带
- 剪刀
- 彩笔

制作步骤：

① 在纸板上分别画出奶牛的头和身体，并用彩笔涂好颜色。

② 用剪刀把画好的奶牛的头和身体剪下来。

③ 把头和身体用胶带粘起来。

④ 奶牛豆豆书夹完成啦。

TiP 1.要合理地剪裁纸张，不要造成浪费。

2.使用剪刀的时候一定要注意安全。

3.将剪裁下来的废纸屑投入到可回收垃圾箱中。

神奇魔法树

　　有一棵神奇的魔法树，它能随着风力唱出各种不同的曲调。可是有一天，淘气的树叶宝宝悄悄地溜下了魔法树，魔法树再也唱不出优美的歌曲了，怎么办呢，我们赶快去帮帮它吧！

魔法树病了，
吃点药会不会
好点呢？

- ♀ 绿色彩纸
- ♀ 胶水
- ♀ 彩笔

听，魔法树又能唱歌了！

制作步骤：

① 画一棵大树，树冠的地方是空白的。

② 用绿色的彩纸撕出形状不一的许多小块。

③ 在树冠的位置涂上胶水。

④ 将撕好的小纸块贴在树冠部位。

可爱的手镯

小小手镯真可爱，一团彩泥捏出来，
穿上漂亮的衣衫，配在手上戴一戴。

一团橡皮泥就能制作出精美的手镯来，是不是很神奇，跟着做一做吧！

所需材料：

⚲ 橡皮泥　　⚲ 吸管

制作步骤：

① 在桌子上用双手把橡皮泥均匀地搓成长条。

② 将长条卷成椭圆形，两头对在一起，捏住。

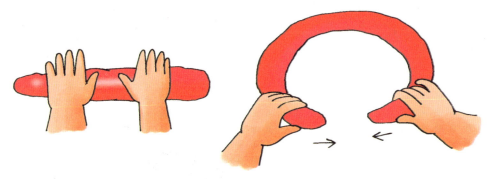

③ 用吸管在橡皮泥上扎出图案。

④ 晾晾干，就可以戴了。

不如多做几个颜色的，根据心情换着戴！

制作蔬菜印章

蔬菜家族的成员们都有专属于自己的印章，这可是它们身份的象征哦！它们都有自己的御用雕刻师，不用看别人，说的就是你。

所需材料：

○ 适合雕刻图案的蔬菜或横截面图案美观的蔬菜

○ 刻刀

○ 颜料

❶ 将蔬菜切成厚约2厘米的小片，萝卜、胡萝卜可以直接竖切成圆形片，土豆可切成椭圆形，南瓜可以切成正方形，柿子椒则可切成中空的梅花形。

❷ 刻字或刻图案时要左右反向操作，要不然你印出来的字和图案可是反的哦。

❸ 在蔬菜印章上涂上颜料，在白纸上盖上印章。

折纸小·钢琴

"哆来咪，哆来咪"，
屋中传来演奏声，
原来是架小钢琴，
造型可爱又玲珑。

拥有一架漂亮的钢琴是每个女孩子的梦想，来吧，女孩，用自己的一双巧手来实现自己的梦想吧！

TiP 钢琴与小提琴、古典吉他并称为世界三大乐器。

所需材料：

○ 正方形折纸
○ 碳素笔

制作步骤：

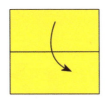

❶ 将正方形对折。

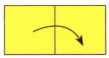

❷ 再对折，然后展开。

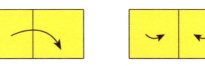

❸ 对折线的左右两部分分别再做中线对折。

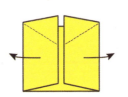

❹ 对折后打开。

❺ 沿着虚线把左右侧掏开。

❻ 沿着虚线向上对折。

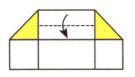

❼ 沿着虚线向下对折。

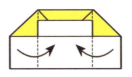

❽ 左右两部分分别按照虚线向里折。

❾ 把折纸立起来后，按照箭头方向下翻90度。

❿ 画上琴键，大功告成。

小鸟飞上天

　　一只可爱的小鸟，轻轻落在我的手上，它是我最好的伙伴，我们常常在一起玩耍，它离不开我，我也不能没有它！

　　小伙伴，给大家做个飞行表演吧！

○ 塑料药瓶　　○ 绳子　　○ 剪刀

○ 彩纸　　○ 胶水

制作步骤：

① 用小药瓶剪出鸟嘴的形状。

② 用彩纸做出小鸟的羽毛和眼睛。

③ 把小鸟的羽毛和眼睛组合到一起，贴在药瓶上。

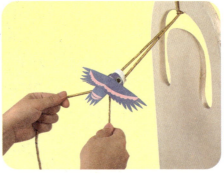

④ 用绳子穿过药瓶，拴在高处。来回拉动绳子，小鸟就可以飞啦。

小兔白又白

小白兔白又白，两只耳朵竖起来，
爱吃萝卜爱吃菜，蹦蹦跳跳真可爱。

做梦都想养一只小白兔做宠物，可妈妈就是不批准。没关系，我自己来"克隆"一只，这样它就可以每天和我一起吃饭，一起睡觉啦！

所需材料：

- 棉花
- 彩纸
- 纸板
- 胶水
- 剪刀

小白兔，你能做我的好朋友吗？

制作步骤：

❶ 要根据纸板的大小来选取适量的棉花。

❷ 在纸板上画出小兔子的轮廓。

❸ 在兔子轮廓中涂上胶水，然后均匀地粘上棉花。

❹ 用彩纸剪出两只圆眼睛，粘在棉花上。

高仿真压路机

轰隆隆，压路机开过来，凹凸的路面变平整了，来往的车辆露出笑脸，纷纷竖起大拇指把它赞！

动手做一辆神气的压路机吧，让它把你的小书桌来装点！

所需材料：

- 两只易拉罐
- 彩纸
- 剪刀
- 一根吸管
- 胶水、双面胶

来，PK一下呀！

制作步骤：

❶ 把两只易拉罐从中间剪开。

❷ 把剪开的易拉罐两两对着套在一起。

❸ 用彩纸剪贴出其他部件。

❹ 把部件组合粘牢，再用双面胶粘到易拉罐上。

会跳舞的鸵鸟

鸵鸟看上去笨笨的，长了一对翅膀又不会飞，可它奔跑的速度却相当惊人，这全赖于它那双粗壮有力的长腿。

看我做的鸵鸟，它不仅会跑，还会舞蹈！

我们好像在哪儿见过……

所需材料：

♀胶水　♀剪刀　♀针、线　♀两根吸管　♀纸板、彩纸

制作步骤：

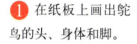

❶ 在纸板上画出鸵鸟的头、身体和脚。

❷ 用剪刀把它们分别剪下来。

❸ 用彩纸折好鸵鸟的脖子和腿。

❹ 在鸵鸟脖子的两端涂上胶水，分别粘上鸵鸟的头和身体；同样，再给腿的两端也涂上胶水，粘上鸵鸟的身体和脚。

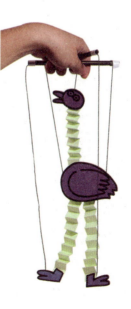

❺ 用5根线，一头用针穿在鸵鸟脚、身体和头上，打好结；一头系在吸管上。手动一动，鸵鸟就欢快地跳起舞来。

女孩，越玩越美丽

嘻嘻，哈哈，走，小伙伴们都在等你!

一二三，跳房子

一二三，跳房子，单腿跳，双腿跳，
踩到线，淘汰掉，辫子翘翘真好笑。

你玩过跳房子的游戏吗，这个游戏既取材简便又乐趣无穷，所以大受欢迎。在地板上，在小区的空地上，在操场上，画个小房子，玩起来吧！

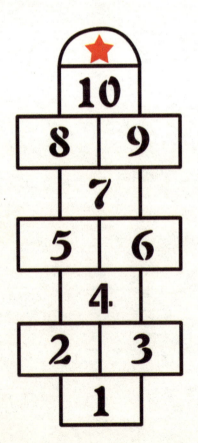

所需材料：

○ 粉笔
○ 沙包（石子、贝壳、瓶盖等）

1. 站在起跳处，将小石块丢进数字1的格子里。

2. 单脚跳进数字2的格子，一直跳到最后的"屋顶"。单排格子单脚跳，双排格子和"屋顶"双脚跳。

3. 由"屋顶"再依序往回跳。

4. 跳回到格子2时，弯身捡起格子1中的小石块，接著跳回起点。

5. 再将小石块丢向数字2的格子里，丢进了就重复第一次的动作。

6. 等全部格子跳完之后，就有权利盖房子了。方法是背向格子，把石块掷入任何一个空格内，该房子即属于你，写上自己的名字或代号之后，其他的人在跳跃时就须跳过此格，但是房子的主人可以双脚站在里面。

7. 全部房子都被盖完之后，拥有最多间房子的人就是大赢家。

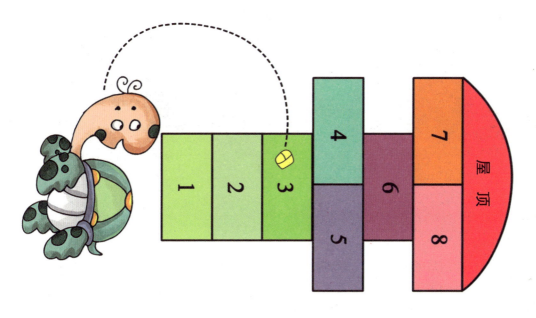

趁春风，放风筝

　　"儿童散学归来早，忙趁东风放纸鸢"，这里的"纸鸢"指的就是风筝，看来，古时候的孩子就已经开始玩放风筝的游戏了。放风筝既能祛病强身，又能健脑益智，还能怡情养性，实在是一项名副其实的"全能"运动呢。不如一起去体验体验？

　　Tip 中国是风筝的故乡，鲁班就是制作风筝的祖师爷，到现在风筝已经有2000多年的历史了。

1 选择风速为3~5级的天气，风速稳定而持续，风向比较固定。

2 选择周围没有高大的建筑物、没有较高的树木和电线杆、地面也比较平整宽敞的地方作为游戏场所。

3 一只手把风筝举过头顶，迎着风跑动，顺着风势撒开风筝。

4 线轴慢慢放线，一边放线一边用手上下扯动线绳。

5 等到放到一定的高度时，就可以停下来，时而拉一下线绳，保持风筝飞行稳定。

6 收线时，要随着风势慢慢把线绕到线轴上，以免用力过猛拉断线绳。

神秘的手影

晚上，关闭家里所有的电灯，点上一根蜡烛，用手做出一些手势，这时，在墙壁上就会投映出变化多端、神秘莫测的黑影，时而像凶狠的大灰狼，时而像一只展翅的雄鹰……

TiP 光是沿直线传播的，你手挡住光的部分就是黑的，其余地方就是亮的，因此形成了影子。

照样子做一做下面的手势，投到墙上的影子像什么？跟它的名称连一连吧！

山羊

猫

鸽子

狗

渔夫

老鹰

天鹅

狐狸

去户外捕昆虫

　　每次去户外的时候，总能看到各种各样的昆虫，这些生活在野外的"小精灵"们是不是常常吸引着你的目光？那不如捕捉一些带回家养养看，正好可以仔细地观察观察它们。

所需工具：

- 捕虫网
- 带盖的玻璃瓶
- 镊子

1️⃣ 发现昆虫之后，要慢慢接近它，否则会惊动它。

2️⃣ 把捕虫网对准目标，迅速挥动，昆虫进入网袋后，再
顺势把网袋绕转，封起网口，防止昆虫跑掉。

3️⃣ 用手从捕虫网外轻轻按住昆虫，把网袋翻转过来，取出昆虫。

4️⃣ 把昆虫装入随身携带的玻璃瓶中，如果是特别细小的昆虫，为了避免损伤
它，最好用镊子操作。

拿上工具堆雪人

雪过天晴，天地间一片白茫茫的，所有的东西都被藏在厚厚的雪被子下面了，好冷清啊！让我们一起堆个雪人吧，给寒冷的冬天增加一些生气，也让我们多一个可以一起玩耍的亲密伙伴。

所需工具：

- 铁铲
- 胡萝卜一根
- 橡皮泥
- 黑色塑料袋和红色塑料袋

1 用手做一个小雪球，然后放在地上慢慢地滚，滚到差不多车轮大小，把它作为雪人的身体。

2 重复第一步，再滚一个雪球做为它的头，这个只要有身体的1/2大小就差不多了，做好后放到雪人的身体上。

3 用铲子撮一些雪对雪人进行修整。如果你的雪人站不稳，可以在后面用树枝支撑。

4 用黑色的小石子做眼睛，用红色橡皮泥捏成嘴巴的形状安在雪人脸上，用胡萝卜做鼻子。再用橡皮泥做成纽扣，安在身体上。

5 把黑色塑料袋包在头上作为帽子，红色塑料袋围在脖子上作为围巾。

6 再找2根树枝做它的手，插进身体的左右两侧就可以了。

能踩到影子吗

　　多好的天气，跟爸爸妈妈到小区中散步。光是走路可真没意思，不如来玩一个有阳光就能玩的游戏吧，那就是踩影子的游戏，既锻炼身体，又能锻炼应变能力，还很有趣哦！

TiP 不光是在阳光下，在灯光和月光下，这款游戏也适用哦！

1 一人踩影子，其他人在场地上躲避，不让自己的影子被踩到。

2 如果踩到了影子，踩影子的人和被踩影子的人就需要互换角色。

编呀编花篮

"编，编，编花篮，花篮里面有小孩，小孩的名字叫什么？叫花篮。蹲下起不来，坐下起不来……"多有趣的儿歌，这可是做"编花篮"游戏时的必唱歌谣哦！

步　骤：

1 参加游戏的人手拉手，每个人把左（右）脚搭在身边人的左（右）腿上，脸朝外，围成一圈。

2 大家单腿跳着转圈，并且一边转一边拍手说上面的儿歌，说到最后一句时，身体下蹲。

游戏做过了，虽然玩得很累但是好开心哪，坐下来休息一会儿。肢体上的游戏结束了，但嘴上的游戏刚刚开始哦，大家来一起唱《编花篮》吧，预备齐！

编花篮

1=G 2/4
稍快　　　　　　　　　　　　　　　　　　　　河南民歌

```
7̣ 0 | 7̣ 0 | 2̣ 1 7̣ 1 | 5̣ 0 | 5 5̲3̲ | 2̲3̲ 2̲1̲ | 2̲1̲ 7̣̲1̲ | 5̣ 0 |
```
1.4. 编　编　编　花　篮，　编个　花　篮　上　南　山，
2.5. 摘　摘　摘　牡　丹，　三朵　两　朵　摘　一　篮，

```
5̣ 1 | 2̲3̲ 2̲1̲ | 2̲1̲ 7̣̲1̲7̲ | 1 0 | 5̣ 1 | 2̲3̲ 2̲1̲ | 2̲1̲ 7̣ | 1 0 |
```
南山　开满　红牡　丹，　朵朵　花儿　开得　艳，
牡丹　花开　多　娇，　姑娘　见了　好　喜欢。

```
5̣· 1 | 2 5 | 5̣·7̣ | 1 0 | 1· 2 | 5̲6̲5̲ | 5 − | 5̣ 1 | 2̲3̲ 2̲1̲ | 7̣ 0 |
```
朵朵　花儿　开得　艳。　银格丹　丹　哎　银牡　丹，
姑娘　见了　好喜欢。　五彩缤　纷　哎　齐争　艳，

```
5 5̲3̲ | 2̲3̲ 2̲1̲ | 5̣· 1 | 2̲1̲7̣ | 1 − | 1 − | (5 5̲3̲ | 2̲3̲ 2̲1̲ | 5̣· 1 |
```
银牡　丹那个　那哈　侬　呀　唉，
齐争　艳那个　那哈　侬　呀　唉。

```
2̲1̲7̣ | 1 − | 1 −) ‖: 5 0̲1̲ | 5 0̲1̲ | 4̲4̲4̲4̲ | 4̲4̲4̲3̲ | 2̲5̲ 2̲1̲ |
```
　　　　　　　　　　3.6. 哎　咳哎　咳哟哟哟　哟哟哟哟　哟那侬呀

```
7̣ 0̲1̲ | 2̲2̲2̲2̲ | 2̲2̲ 5 0̲1̲ | 5̣·1̲6̲5̲ | 4·5̲ 6̲1̲ | 5 5 |
```
哈　侬哎　哎咳咳咳　咳咳咳　哎咳哎咳哎　咳呀乎侬　呀咳

```
2̲·5̲2̲1̲ | 1̲1̲ 7̣ | 1 − | 1 − | 5̣· 1 | 2 5 | 5 7̣ | 7̣ 0 | 5̣1̲5̲5̲ |
```
咳那哈侬　呀侬呀　哎，　　　提着　花篮　走花　间，　祖国春色

```
5̲7̲1̲ | 2 2 | 2 − | 5̲7̲1̲ | 1 0 :‖ 5̣ 2 | 2̲ 1̲ | 1 | 1 − | 1 − |
```
没　个边哪，　没　个　边。　没哎　个边哪。

```
1 − | 1 − ‖
```

揪住他尾巴

　　小伙伴们快闪开，保护好自己的"小尾巴"，可别被人揪下来。这是个名叫"揪尾巴"的小游戏，追追赶赶，玩起来好热闹啊！

　　TiP 玩这个游戏，你可别光顾着想着怎么甩掉别人哟，在躲闪的同时还要记着去揪下同伴们的"尾巴"。

116

1　每个人腰间掖一条用手绢或旧毛巾编的"尾巴"。

2　游戏中，大家既要揪别人的"尾巴"，又要保护好自己的"尾巴"不被别人揪掉。

3　被揪掉"尾巴"的人要退出游戏。"尾巴"保留到最后的人获胜。

　　下面的小动物们的尾巴也被揪掉了，这可不是闹着玩的，它们没有尾巴怎么行呢，快帮它们把尾巴找回来吧！

欢乐炒豆豆

"炒豆豆，炒豆豆，炒好豆豆，翻个筋斗。"伙伴们，一起来玩好玩的炒豆豆游戏吧，看看你的身体够不够灵活！

TiP 游戏前一定要做好准备运动，把各个关节活动开。游戏的时候一定要量力而行，完成不了的动作不要勉强，以免伤到自己。

① 两人手拉手，边说上面的儿歌边有节奏地左右摆臂。

② 当说到"炒好豆豆，翻个筋斗"时，两人举起一侧的手臂共同钻过并将身体翻转180°。

③ 两个人背对背再举起同一侧手臂，将身体翻转180°，还原成初始状态。

这些豆豆都能炒吗？

119

最炫打水漂

一颗石子，飞上水面，一跳，两跳，三跳……蹦出好远好远。这个打水漂的游戏你玩过吗？俗话说"看花容易绣花难"，如果你选错了材料，或者玩错了方法，可就……

他这是要打水漂吗？哈哈。

所需材料：

○ 找一块扁平的石头，越扁平越好，但不要太薄了。

120

① 用你的拇指和中指捏住石头，食指在后，扔出时用食指拨一下，让石头旋转飞出。

② 投掷石头的过程是非常重要的，太用力的话石头会"砰"的一声掉进水里。弯曲膝盖，让手跟水面大约成25度角，然后稍微侧一点上身，再投掷石头，这样可以帮助石头在水面上弹跳起来。

③ 你的目标是让投出的石头不止一次地在水上弹跳，次数越多越好。

这就是传说中的打水漂吗？

Tip 在最新的世界纪录中，43岁的美国人拉塞尔·贝尔斯打破了打水漂的世界纪录，他扔出的鹅卵石在宾夕法尼亚州的湖上行进了76米，跳跃了51下才落入湖中。还等什么，快选几枚合适的石块，约上小伙伴，一起去河边挑战一下吧！

女孩，精彩玩四季

沙沙，哗哗，听，奇趣大自然在呼唤你！

谁偷吃了稻种

农民伯伯的稻种被偷了，这事儿可不小，农民伯伯赶紧请小侦探来帮忙。

小侦探勘察过现场后，最后锁定了三个犯罪嫌疑人。

三只鸟儿都说自己是冤枉的，小侦探可不吃他们这一套，他盯着鸟嘴看了一遍又一遍，最后，小侦探指着2号嫌疑人怒吼了一声："你这个贪吃鬼，还不赶快认罪！"

小侦探是根据什么认定罪犯是2号嫌疑人呢？

本案主要犯罪嫌疑人

① ② ③

我怎么看谁都可疑呢。

TiP 凡是以植物种子（仁、核）和浆果为食物的鸟，嘴巴都又粗又硬，这样才便于把种壳和果壳啄破；凡是以昆虫、软体动物、甲壳类为食物的鸟，嘴巴细长；凡是吃小兽和其他鸟类的猛禽，嘴巴都像钩子一样，以便把肉撕碎，这样的嘴巴看着就吓人。这回，你找到原因了吧！

为鸟儿们找食物

请你为下面的鸟儿们找到它们最中意的食物吧！

建立蝴蝶档案

　　"头上两根须，身穿彩花袍。飞舞花丛中，快乐又逍遥。"这个谜语的谜底你猜到了吗？对，是蝴蝶。蝴蝶的种类多得数不清，它们色彩丰富，形态各异，是大自然中一道亮丽的风景。

哇噢，飞在天上的感觉一定很不错吧！

下面的蝴蝶你见过吗？查阅一下资料或者询问你的科学老师，照样子为这些蝴蝶建立一个档案吧，然后可以给其他小朋友展览一下。

虎斑蝶

白斑眼蝶

蛱蝶

枯叶蝶：学名枯叶蛱蝶。喜吸食树液、腐果，为世界著名的拟态昆虫。枯叶蝶的拟态，有着重要的科研和实用价值。

菜粉蝶：又称菜青虫，属害虫，对甘蓝和花椰菜等蔬菜危害较大。体黑色，胸部长有白色及黑色长毛，翅白色，雌蝶色彩比雄蝶深而明显。

凤蝶：为大型昆虫，体色以黑、黄、白为基调，饰有红、蓝、绿色斑纹，形态优美，许多种类的后翅有尾突。除了南北极，凤蝶遍布世界各地。

TiP 蝴蝶和飞蛾是两种不同的昆虫。蝴蝶能够辨别气味的触角长得像小细棍儿或鼓槌儿，主要在白天活动；飞蛾的触角长得像丝或羽毛，主要在夜间飞行。

自己种花生

"麻屋子，红帐子，里面住个白胖子"这个谜语说的就是花生了。花生不仅吃起来唇齿生香，更有极高的营养价值，有"植物肉"的美称。不如我们自己动手种上几株花生，到时候不就可以收获属于自己的果实了吗。

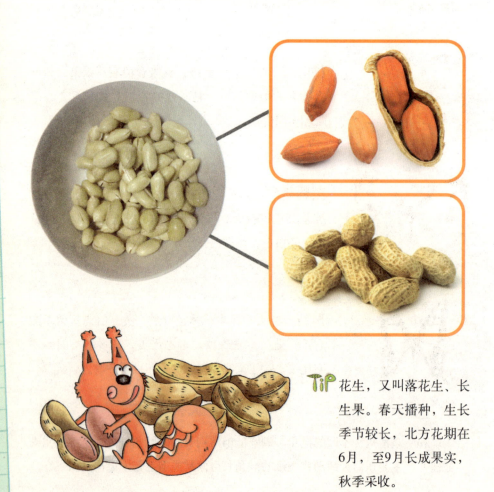

TiP 花生，又叫落花生、长生果。春天播种，生长季节较长，北方花期在6月，至9月长成果实，秋季采收。

1⃣ 选种：选用粒大饱满的花生种子，两个仁的果实要掰开。

2⃣ 浸种：用40~50摄氏度的温水浸种10小时或用冷水浸种24小时，使种子吸足水，然后播种。

3⃣ 播种：春播以4月上中旬为宜，夏播则越早越好。播种深度一般以5厘米为好。播种后土要压实，以免出苗时把壳带出地面。

模仿鸟叫声

每年的芒种前后，一种名叫"布谷"的鸟，会在清晨打破天空的宁静。一声声"布谷布谷，布谷布谷"悠远动听的鸣叫，在乡间演绎成"懒汉开锄，懒汉开锄"的呼唤。

布谷，布谷……

TIP 每种鸟都有自己独特的叫声，以传递信息和表达情感。而在同种鸟的雌雄之间，成鸟与幼鸟之间，鸣叫声也各不相同。

1. 收集不同鸟的叫声，记录下来。

　　不同的鸟叫声不同。同一只鸟在不同的心情和环境中，叫声也不一样。请你将下面的鸟和模拟它们叫声的拟声词连线。

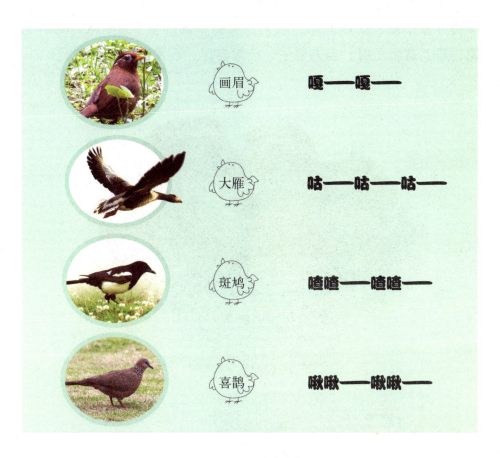

	画眉	嘎——嘎——
	大雁	咕——咕——咕——
	斑鸠	喳喳——喳喳——
	喜鹊	啾啾——啾啾——

2. 模仿鸟的叫声。

　　在听完鸟的叫声后，你能惟妙惟肖地模仿出来吗？比如模仿布谷鸟叫，并不是简单地发出汉字"布谷布谷"的声音哦，要仔细听它真正的发声，模仿得逼真一些。

我要栽草莓

　　鲜红美艳、柔软多汁的草莓你爱不爱？芳香馥郁、营养丰富的草莓你爱不爱？纯粹天然、没有污染的草莓你爱不爱？那还等什么呢，马上拿起工具，自力更生、自给自足，在家里栽种草莓吧！

姐，其实我一个人就能搞定了。

132

所需工具：

- 小花盆
- 一些肥沃的土壤
- 草莓秧苗
- 小铁铲
- 肥料

步　骤：

① 摘除苗上的老叶、残叶，将根系剪留10厘米左右，舒展地栽入盆土中。栽后浇透水放置阴凉处3～5天，然后搬到阳光充足处。

② 一周施两次肥，最好施用鱼骨、家禽内脏、豆饼等加水沤制的液态肥。每天早晚各浇一次早已晒暖备用的水。

③ 在生长季节要及时剪除枯叶、病叶与瘦弱的侧芽。有虫更是万万不行，必须毫不留情地消灭它。

④ 最重要的是每天去看望你的草莓，对它微笑。如果可以，最好每天念一句："快快长大！赐我草莓！"

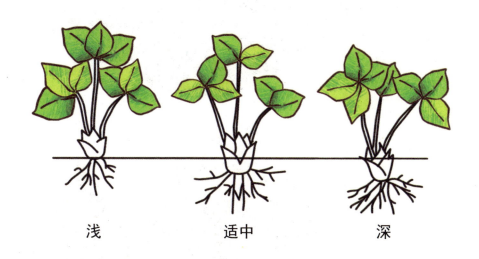

浅　　　　　适中　　　　　深

蚂蚁怎样认路

　　蚂蚁每天都来来往往，忙忙碌碌的，真是一群不知疲倦的小家伙。它们有时候为了觅食，可能要走很远的路途，但即便是这样，它们也总是能很顺利地找到回家的路，简直是太神奇了，小小的蚂蚁是怎么做到这一点的呢？

看，他们迷路了吧，可别学他们呀。

下面我们就一起通过对几种假设的验证，来找到小蚂蚁的寻路方法吧！

❶ 假设蚂蚁用触角来认路。

　　验证：从一支正要回巢的蚂蚁队伍中选择一只蚂蚁，用镊子将其触角夹掉，然后再把它放回原地，看它是否仍能跟着队伍回巢。

❷ 假设蚂蚁利用周围景物来认路。

　　验证：趁一队蚂蚁正在回巢的途中，用纸板把它们与周围景物隔开，再用一块纸板挡在蚂蚁的上方，使它们不能看见天空和周围的景物。在这种条件下，如果蚂蚁还可以按原路返回，说明蚂蚁不一定依靠周围的景物认路。

❸ 假设蚂蚁在它们爬过的路上留下一种气味，在返回时利用气味辨认道路。

　　验证：在蚂蚁爬过的路面上，用手指横画一条线，破坏蚂蚁留下的连续的气味。如果蚂蚁还可以按原路返回，说明蚂蚁不是利用自身留下的气味认路；相反，如果蚂蚁发生短时间的混乱，则说明蚂蚁可能是利用气味来辨别方向的。

用丝袜看彩虹

大雨过后的天空，常常会挂上一道七色的彩虹。弯弯的彩虹悬在空中，就像一架巨大的七彩桥，为人们展示了一幅鲜艳夺目、瑰丽无比的画面。

不过，彩虹也是能"自制"的哦，不知道吧？

- ♀ 一双丝袜
- ♀ 能发光的透明灯泡

步　骤：

① 用双手将丝袜拉开，绷紧。

② 透过丝袜看灯泡。

③ 一定要用透明的玻璃灯泡，灯泡越亮，看到的"彩虹"越漂亮。

原理揭秘：

　　丝袜是由细细的尼龙丝横向和纵向相互交织而成的，因此会形成许多网状的格子。当光线透过这些格子时，会产生衍射现象：光波在传播时，如果被一个微小的物体阻挡，就会绕过这个物体继续前进；如果通过一个微小的孔，则以这个孔为中心形成环形光波向前传播。这个实验中的电灯光就在网状格子边缘发生了衍射。不同波长的光，衍射的方式也不同，因而灯泡的光就被分成了七色光谱，于是我们就看到了"彩虹"。

在大自然中睡觉

夏天的夜里，屋内依然像白天一样，没有一丝清凉。燠热的空气让人无法入眠，有没有什么好办法能让人度过这难熬的夏夜呢？我倒是有一个好主意，你要不要试试看？那就是带上帐篷，到大自然中去美美地睡上一觉。

138

所需工具：

- ○ 帐篷
- ○ 手电
- ○ 驱蚊虫药品

步　骤：

① 露营地点的选择。可以是公园绿地、操场、草场、湖畔等

地，但一定要选择地势较高的地方。

② 清理干净露营地地面上的石子、玻璃和树枝等尖锐物体。

③ 竖起支柱，拉紧绳索，把帐篷搭建得结实稳固。

④ 涂好驱蚊虫药品，把手电放在触手可及的地方。

⑤ 一觉睡到大天亮吧！

139

采蘑菇的小·姑娘

到了七八月份，树林里的雨水多了，一旦雨过天晴，蘑菇们便迅速地长了出来。尤其是松林里的蘑菇，更是品种繁多，白蘑菇、黄蘑菇、鸡腿菇、松菇……草地里的草蘑更有意思，因为它们喜欢长成一圈，只要找到一朵，就能采到一小筐。

雨后，带上工具，出去采一些鲜美的蘑菇回来吃吧！

- ⚥ 铲子
- ⚥ 篮子
- ⚥ 剪刀

步　骤：

1 用铲子斜向下插入蘑菇扎根的土中。

2 轻轻将蘑菇捡起，用剪刀剪去根部带泥土的部分，再放入篮子中。

3 如果一次吃不了，可以晒干后留作下次食用。

采蘑菇之前有一个功课一定要做好，那就是学会辨识毒蘑菇！

1．在采摘野蘑菇时，可用葱在蘑菇盖上擦一下，如果葱变成青褐色，说明蘑菇有毒，反之，葱不变色，则说明蘑菇无毒。

2．在把蘑菇放水里煮的同时放几粒白米饭，要是米粒变成黑色，就说明蘑菇有毒，不变色则说明蘑菇没有毒。

3．还有那些色彩鲜艳、形状怪异的蘑菇一定不要碰，它们大多是毒蘑菇。

养一只蝈蝈

  静谧的夏夜里，突然传来一阵"蝈蝈儿……蝈蝈儿……"的叫声，声音清脆悦耳，好听极了。这是一只通体翠绿的蝈蝈儿，它可是个寓意兴旺的吉祥物呢，在炎热的夏天有它作伴，是不是增添了不少的情趣呢！

TiP 只有雄性的蝈蝈才会叫，它们是通过左右两翅的摩擦来发音的。

步 骤：

① 捕蝈蝈：

蝈蝈喜欢待在南瓜地或者大豆地里。夏天夜晚，在瓜架下，全神贯注地凝听蝈蝈的叫声，然后轻手轻脚地走到它身边，小心地将它逮住，动作不要太鲁莽，不然会弄断它的腿脚的。

② 养蝈蝈：

可以用竹篾制作一个小笼子，把蝈蝈放进去，用一根细绳拴住笼子，把它挂在窗口。每天给它准备一些白菜叶、油菜叶等蔬菜，切成小块投进笼子中。这样，当夜幕降临的时候你就能聆听到它激昂而悠长的叫声了。

照顾鸡宝宝

"叽叽叽……叽叽叽……"一身嫩黄的绒毛，一双滴溜溜的小黑眼睛，这是一只刚出生几天的鸡宝宝。看，它多柔弱啊，得好好照顾它才行。

你们见过这么萌的鸡宝贝吗？

TiP 选择鸡苗的时候一定要选择机灵活泼一些的，一般情况下，这样的小鸡相对身体素质比较好，会不太容易生病。

1 取一个大小适中的纸盒，里面垫上布，把小鸡放在里面。

2 在盒子上方固定一个灯泡，距离小鸡大约20厘米远，用来给小鸡取暖。

3 把小米加少量水蒸熟，作为小鸡的食物。

4 每天准备适量的温开水，给小鸡饮用。

5 记得给小鸡多晒太阳，防止它缺钙。

　　看看下面这只小鸡，它出壳过程的先后顺序被打乱了，你能帮它重新整理一下吗？

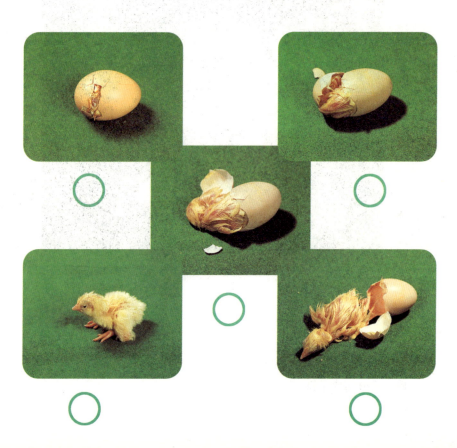

145

看我自制露水

传说每天太阳升起之前，都有无数的小精灵挥舞着翅膀在收集露珠，你见过吗？

从古至今，露水都是人们心中的"魔水"，人们相信用露水泡茶或直接饮用，能健康长寿，能治病。而经科学证明，露水中确实含有对人体有益的化学物质。

TiP 晚上，当空气的温度降至露点，空气中所含的水汽遇到冷空气或冰冷的物体，就凝结成了露。

所需工具：

- ○ 铁锹
- ○ 盛水容器
- ○ 无毒塑料布
- ○ 小石子
- ○ 铁质盘子

步　骤：

① 方法一：在向阳潮湿的地方挖一个坑，在坑底放一个盛水容器，在土坑上面铺上塑料布，并将塑料布四周压住，在塑料布中央放一粒石子，使塑料布中心凹下。在阳光的照射下，土壤中的水分蒸发，遇塑料布底面会凝结成水珠，从凹陷处滴落到盛水容器里，成为净化饮用水。

② 方法二：找一个铁质的空盘子用清水仔细清洗干净，然后用毛巾擦干。打开冰箱的冷冻室，将铁盘放进去进行冷冻。等待大约一个小时的时间，将铁盘从冰箱中取出，放在阳台上。仔细观察铁盘，几分钟之后，你就会看见盘子中出现了一些滚动着的晶莹的水珠，露水就这样产生了。

复制的蓝天

如果你注意观察，会发现秋季的天空格外蓝，蓝得一点儿杂质都没有。这个时候，你有没有一种心旷神怡的感觉？

现在，我们一起来玩个"复制蓝天"的小游戏吧！

TiP 实际上，天空的蓝色是由空气中的气体分子对阳光的散射作用而形成的。

听人说，天空的颜色是蓝的。

我看未必。

- ⚥ 透明玻璃杯
- ⚥ 手电筒
- ⚥ 牛奶、水
- ⚥ 小勺
- ⚥ 2~3本厚书

步　骤：

① 将水倒进玻璃杯中，基本灌满，但要留出距离杯口1厘米的空隙。然后加入半勺牛奶，并且搅拌均匀，让牛奶和水完全混合。

② 把手电筒放在约5厘米厚的书本上，让手电筒发光处正对着杯子中央。打开手电筒让光从一侧射向装水的杯子，并从前方观察杯中的水。关上手电筒，再次打开，原来乳白色的水现在看起来变成了浅蓝色。如果效果不明显，就再加点牛奶，直到混合液的颜色呈现天空那样的淡蓝色。

一起去采莲子

"江南可采莲，莲叶何田田"，这样一种美好的景色你一定很向往吧？那就让我们泛舟荷塘，一起去体验采莲的无穷乐趣吧！

Tip 莲子的营养价值非常高，还具有清热安神的功效，既可生吃也可烹制食用。

所需工具:

- ○ 剪刀
- ○ 用铁丝弯成的钩子
- ○ 小刀

步　骤:

1. 把小船划到荷塘中间。
2. 用铁钩把较近的莲蓬钩到跟前。
3. 用剪刀将莲蓬下面的茎剪断。
4. 用小刀剜出莲蓬上孔洞内的莲子。
5. 剥去外皮，露出里面的白色果肉。

真让人难以置信，莲蓬的前身是它。

帮菊花拍照

　　每年秋季都少不了要有菊花展，那五颜六色、千姿百态的菊花真让人眼花缭乱啊，你恐怕也不会放过这个机会吧。可是，过一段时间，你就会渐渐忘记这些菊花的品种、名称和特性，怎么办呢？那就建立个菊花小档案吧！

TiP 菊花原产于中国，现在在世界上广泛栽种，品种已达到千余种，是著名的观赏植物。

1. 尽可能搜集你所看到或找到的菊花品种。

2. 用手机或照相机拍下菊花的照片。

3. 在电脑上建立一个菊花文档，把图片或照片上传到文档中。

4. 在每幅图片旁边，记录该菊花品种的详细资料。

雏菊：属菊科，多年生草本植物。雏菊耐寒，温度过高不利生长，容易枯死。它是意大利的国花。雏菊提取液具有抗过敏、滋润皮肤的功效。

荷兰菊：又名：纽约紫菀。多年生草本植物。荷兰菊适应性强，耐寒、耐贫瘠。荷兰菊颜色多样，适合做插花的配花。

悬崖菊：以花枝整枝悬垂而得名；以花期长久而取胜。悬崖菊按长度分为大、中、小3种规格：长1~2米的称为小悬崖菊；长2~3米的称为中悬崖菊；长3米以上的称为大悬崖菊。

雪地上的足迹

　　一到冬天，很多动物们都不见了踪影，没有了它们，整个世界寂寞了很多。不过，下雪的冬日可是我们寻找动物足迹的好机会，雪地上很容易就留下动物们的脚印，一个个脚印就像一个个性鲜明的"签名"，那是在告诉我们脚印的主人的信息。

狐狸的脚印，看起来很尖利的样子。

老虎的脚印，看见这样的脚印，你唯一能做的就是——快跑！

154

獾的脚印，有时会与小熊的脚印真假难辨，别上当哦！

动物的脚印千奇百怪，各有不同。下面就是一些动物在雪地上留下的脚印，你能分辨出是谁留下的吗？请你将对应的动物和脚印连起来。

绽放的水仙

　　寒冬腊月，大地一片荒芜，大部分的植物早就躲进了温暖的被窝里，养精蓄锐，为春天的舞会暗暗积攒力量。这时，漂亮的水仙悄悄登场了。你看它充满生机的颜色，含情脉脉的眼神，怎么样，有点儿爱不释手了吧？那干脆就养一株。

TiP 水仙全株有毒，尤其是那个像蒜头一样的鳞茎毒性更大，所以千万不要误食了哟！

156

① 把雕好的水仙头浸入水中一两天，洗净伤口粘液再移入瓷盆中，四周放小石子固定，加水栽植。

② 每隔1～2天换水一次，为不损伤花根，一般用冲水法来换水，把盆中的杂质冲走。

③ 水仙需要充足的阳光。每天曝晒，则叶矮花高，叶呈碧绿色；阳光不足，会叶高花矮，叶色带黄且容易倒伏。

④ 水养水仙不用施肥，如施肥过多会烂根。

答　案

快乐猜字谜

北　回　田　哥

测测专注力

1. ②①③　　2. 月亮　　3. A

眼力大比拼

成语嘉年华

才高八斗　颠三倒四　无中生有
事半功倍　话里有话　三心二意

抱头鼠窜　鱼目混珠　虎头蛇尾
兔死狐悲　鸡犬不宁　羊入虎口
九牛一毛　车水马龙

死去活来　来日方长　长治久安
安贫乐道　道听途说　说三道四
四平八稳　稳如泰山

人山人海　海阔天空　空前绝后
后继有人　人仰马翻　翻云覆雨
雨过天晴　晴天霹雳

一马当先　先见之明　明知故问
问心无愧　愧不敢当　当务之急
急功近利　利欲熏心

无所事事　事出有因　因小失大
大快人心　心想事成　成人之美
美不胜收　收放自如

该填哪一个

狮子图　熊猫图　虎图　熊图
啄木鸟图　鹦鹉图　猫头鹰图　孔雀图

魔幻移火柴

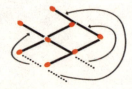

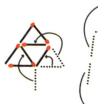
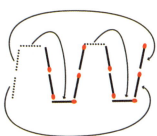

拿掉

一笔画游戏

起点

起点

起点

起点

起点

脑筋急转弯

1. 一个小孩拎着筐

2. 家里没人

3. 借光

4. 倒数第一

5. 水面

6. 晚餐吃的是面条

7. 眼光

8. 冰箱

9. 切到手了

10. 0个，果园里没有玉米

11. 水

12. 零蛋

13. 鹅是指企鹅

14. 树不会跳

15. 洞

多出的碎块

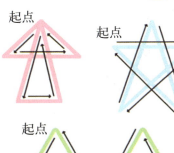

逻辑小推理

答案是B

分析：乙说"丁是罪犯"，丁说"作案的不是我"，如果两人说的都是实话，那么两人的说法就自相矛

答　案

盾，所以两人中一定有一人说的是假话。而提示中也说明"四个人的口供中有一个是假的"，而这个假的已经锁定在乙和丁中，那么甲和丙的口供就是真实的，所以丙说的"乙是盗窃这颗钻石的罪犯"就可以作为最后的结论——乙是罪犯。

我要找到它

哪里不对劲

第一幅：太阳和月亮不能同时出现，树上不能结出胡萝卜。

第二幅：夏天不可能有雪人，没有绿瓤西瓜。

空间大考验

 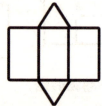

最爱找不同

它是哪一块

3　6　16　11　2